Strategischer Wandel bei der Medizintechnik AG

Michelle Stettinski

Bibliografische Information der Deutschen Nationalbibliothek:

Die Deutsche Nationalbibliothek verzeichnet diese Publikation in der Deutschen Nationalbibliografie; detaillierte bibliografische Daten sind im Internet über http://dnb.d-nb.de abrufbar.

ISBN: 9783389025338
Dieses Buch ist auch als E-Book erhältlich.

© GRIN Publishing GmbH
Trappentreustraße 1
80339 München

Druck und Bindung: Books on Demand GmbH, Norderstedt Germany
Gedruckt auf säurefreiem Papier aus verantwortungsvollen Quellen

Das vorliegende Werk wurde sorgfältig erarbeitet. Dennoch übernehmen Autoren und Verlag für die Richtigkeit von Angaben, Hinweisen, Links und Ratschlägen sowie eventuelle Druckfehler keine Haftung.

Das Buch bei GRIN: https://www.grin.com/document/1472079

Deutsche Hochschule für
Prävention und Gesundheitsmanagement
Hermann-Neuberger-Sportschule 3
66123 Saarbrücken

Name, Vorname	**Stettinski, Michelle**
Studiengang	**MBA Gesundheitsmanagement**
Studienmodul	**Strategisches Management 2**
Datum Präsenzphase (siehe Ergebnisdokumentation)	**04.12.2023 – 06.12.2023**
Aufgabe	**Strategischer Wandel bei der Gesundheits- und Medizintechnik AG**

Inhaltsverzeichnis

1 Bodo Müllers Plan

1.1 Gründe für den Wandel

Einer der Gründe für den Wandel, der durch Bodo Müller initiiert werden soll, sind die niedrigen Wachstumsraten der Investitionen für medizinische Geräten in Deutschland, wo die Gesundheits- und Medizintechnik AG einen Marktanteil von 30 % besitzt. Da Deutschland mit ca. 6 % Anteil am Gesamt-Weltmarkt den drittgrößten Markt für medizinische Geräte bildet, ist dies jedoch ein äußerst bedeutender und umkämpfter Absatzmarkt. Durch die starke Konkurrenz entsteht für das betrachtete Unternehmen ein hoher Wettbewerbsdruck.

Hinzu kommt die Verlagerung des Kaufverhaltens der Kunden der Gesundheits- und Medizintechnik AG. Dieser kommt insbesondere dadurch zustande, dass es eine Verlagerung der Entscheidungsgewalt gegeben hat. Während in der Vergangenheit die Ärzte ein Gerät, aufgrund eines qualitativen Vergleichs auswählten und sich die Genehmigung für die Kosten von der Krankenhausadministration holten, wird diese Entscheidung mittlerweile häufig direkt durch die Administration getroffen, eher durch Betrachtung der finanziellen Gesichtspunkte zustande kommt. Auf diese Weise könnten andere Anbieter bevorzugt werden, obwohl sie nicht mit den hohen Qualitätsstandards dieses Unternehmens mithalten können, weil sie günstiger für das Krankenhaus sind.

Abschließend sollte auch berücksichtigt werden, dass auch immer wieder Gesundheitsreformen in der Diskussion stehen, die Investitionen in der näheren Zukunft zusätzlich unterdrücken würden,

1.2 Aspekte des Strategiewandels

Angesichts der zuvor genannten Entwicklungen in der Branche, plant Bodo Müller eine Änderung der Marketingstrategie. Diese würde beinhalten, dass sich die bisherige Ausrichtung auf die Bedürfnisse der Krankenhäuser, zu einer Fokussierung auf das sogenannten „C-Level" verlagert, da die Kaufentscheidung zunehmend von dieser Partei, also vom CEO, CFO oder CIO getroffen wird.

Dabei soll die Medizintechnik sich am Markt nicht mehr ausschließlich durch die hohe Qualität ihrer Produkte hervorheben, sondern zusätzlich verdeutlichen, dass sie auch ganzheitliche Lösungen bieten, die eine Effizienzsteigerung im Krankenhaus ermöglichen.

Um in das C-Level Marketing einzusteigen, plant Bodo Müller in einem ersten Schritt die Einführung eines geschäftsübergreifenden Projekts den Vertretern aller Unternehmenseinheiten, um Ideen zu generieren.

1.3 Barrieren und Widerstände

Mögliche Barrieren sind bei dieser Planung jedoch, dass die Vertreter der Unternehmensbereiche die Tragweite der genannten Entwicklungen für die Unternehmensstrategie nicht erkennen und verstehen. Dies könnte als Anzeichen für ein fehlendes Verständnis für die Strategie des Unternehmens interpretiert werden und sich ggf. als Visions Barriere manifestieren.

Dies führt zu einer weiteren möglichen Barriere, da die Führungskräfte aufgrund der guten wirtschaftlichen Situation den Handlungsbedarf nicht erkennen und andere Themen priorisieren könnten. So würde dem Projekt nicht genügend Budget freigeräumt werden und eine Ressourcenbarriere könnte entstehen.

Zudem wird durch die äußerst geringe Teilnahmequote beim ersten Projekttreffen, sowie der Passivität der Teilnehmer eine deutliche Lustlosigkeit deutlich, die durch eine Angst vor Veränderung und ggf, sogar vor Kontrollverlust begründet sein kann (Lauer, 2014, S. 50ff.). Dies könnte eine deutliche Management Barriere darstellen, da die Mehrheit der Manager offenbar nicht bereit ist mehr als eine Stunde über die Strategie zu diskutieren. Außerdem fungieren Führungskräfte zusätzlich als Treiber für den Wandel und müssen die Mitarbeiter durch ihren Einfluss auf sie unbedingt vom Wandel überzeugen.

Abschließend kann auch das Fehlen von finanziellen Anreizen im direkten Zusammenhang mit dem Projekt dazu führen, dass die involvierten Führungskräfte eher passiv bleiben, da sie aufgrund der fehlenden Ertragschance kein Scheitern riskieren wollen. Dabei handelt es sich um eine Menschliche Barriere.

2 Change Management

2.1 Gründe für das Scheitern

Trotz Bodo Müllers Planung und Handlungen, konnte der notwenige Wandel im Marketing der Gesundheits- und Medizintechnik AG erfolgreich umgesetzt werden, sondern scheiterte bereits in einem frühen Stadium. Im Folgenden werden die Gründe dafür anhand von Kotters 8-Stufen-Modell analysiert (Reisinger et al., 2013, S. 190).

1. Grund – zu viel Selbstgefälligkeit

Bodo Müller zeigte die Entwicklungen und Veränderungen im Meeting anhand von Zahlen und Fakten auf, doch er schaffte es nicht den VPs die Notwendigkeit des Wandels zu verdeutlichen. Wie bereits zuvor erwähnt konnte dieses Dringlichkeitsgefühl aufgrund der guten wirtschaftlichen Situation, der breiten Kundenbasis und des sehr guten Rufes nicht geweckt werden. Es herrschte zu viel Selbstgefälligkeit, sodass die VPs die möglichen Gefahren der Zukunft nicht erkannten und somit keine Unterstützung für dieses Projekt aufwendeten.

2. Grund – Fehlen einer ausreichend starken Führungskoalition

Bodo Müller versäumte es außerdem Personen, um sich aufzustellen, die eine ähnliche Wahrnehmung für das Problem und die Dringlichkeit haben, um ihn in seinem Wandel zu unterstützen. Die VPs lehnten mit ihrer zuvor erläuterte Passivität den Wandel ab und boykottierten ihn eher, als ihn zu unterstützen.
Zudem berücksichtigte er bei seiner Einladung für das Kickoff treffen ausschließlich die Marketing VPs der einzelnen Produktlinien anstatt zusätzlich Entscheidungsträger, die möglicherweise auch ein größeres Interesse an einem strategisch relevanten Wandel im Marketing hätten, einzubeziehen.

3. Grund – Kraft der Vision wird unterschätzt

Mithilfe einer Vision wird den Mitarbeitern das Ziel des Wandels verdeutlicht, um als Orientierung zu dienen und bei der Umsetzung der Veränderung zu helfen. Bodo Müller schaffte es nicht die VPs mithilfe einer Vision von seiner Unternehmung zu überzeugen, sondern bezog sich ausschließlich auf Zahlen und harte Fakten, die zwar die Gegenwart, jedoch keine motivierende Zielvorstellung abbildete. So sicherte er sich das Verständnis der VPs, schaffte es jedoch nicht sie tatsächlich von seinem Plan zu überzeugen.

4. Grund – Mangelnde Kommunikation der Vision

Da keine klare Vision oder Strategie entwickelt wurde, konnte Bodo Müller sie auch nicht an die Mitarbeiter kommunizieren. Dies führte zu einem Mangel an Verständnis und Akzeptanz für sein Vorhaben.

2.2 Veränderungen meistern

1. Beschleuniger - Gefühl der Dringlichkeit wecken

Nach Kotters 8-Stufen-Modell besteht der erste Schritt bei der Initiierung eines Wandels darin, das Gefühl der Dringlichkeit zu wecken. Da Dringlichkeit von der obersten Hierarchieebene ausgeht, hätte Bodo Müller seine Präsentation so ausrichten sollen, dass er den VPs den Handlungsbedarf und die Möglichkeiten durch die Strategieänderung des Marketings verdeutlicht. Anstatt ausschließlich die Herausforderungen des C-Level Marketings und die Schwächen der AG anhand von Zahlen und Fakten zu beschreiben, hätte Bodo Müller auf die Chancen der Veränderung eingehen sollen und untermauern sollen welche Risiken es birgt, sich trotz der aktuellen Entwicklungen auf seinen bisherigen Erfolg auszuruhen.

2. Beschleuniger – Zusammenstellen eines starken Führungsteams

Anstatt alle VPs aus den Geschäftseinheiten einzuladen, hätte Bodo Müller ein Team aus freiwilligen zusammenstellen sollen, die die gleiche Meinung vertreten und ihn in seinem Geschäftsvorhaben unterstützen. Auch Personen aus der Führungsebene hätten überzeugt und in den Wandel miteinbezogen werden sollen, um die ihnen untergeordneten Mitarbeiter durch ihren Einfluss auch als Unterstützer zu gewinnen.

3. Beschleuniger – Entwickeln von klaren Zielvorstellungen und Änderungsstrategien

Um erfolgreich einen Wandel initiieren zu können, ist eine Vision mit der dazugehörigen Strategie unerlässlich. Aus diesem Grund hätte Bodo Müller eine klare Vision formulieren müssen, um bei dem Kickoff Meeting eine zielführende Strategie ausarbeiten zu können.

4. Beschleuniger – Die Vision kommunizieren und für Verständnis und Akzeptanz sorgen

Da für einen erfolgreichen Wandel außerdem möglichst viele Mitarbeiter rekrutiert werden müssen, sollte Bodo Müller die neue klar formulierte Vision, sowie die dafür notwendigen Maßnahmen über die Führungskräfte an die Mitarbeiter kommunizieren lassen. Auch dazu ist es wichtig, dass die Vision greifbar und einfach zu verstehen ist, damit sie im besten Fall mündlich weitergetragen wird. Es können jedoch auch andere Kanäle wie ein Newsletter, das Intranet oder Rundschreiben genutzt werden.

5. Beschleuniger – Beseitigung von Hindernissen

Da es während eines Wandels zu einer Vielzahl von Hindernissen kommen kann, gilt es in diesem Schritt mit Hindernissen und Barrieren zu rechnen und empfänglich für diese zu sein. Eine Erörterung möglicher Barrieren wie in Aufgabe 2 kann helfen, um Probleme bereits frühzeitig zu erkennen, einige Probleme sind nicht vorhersehbar. Aus diesem Grund ist es wichtig, dass Bodo Müller einerseits offensichtliche Probleme wie mangelnde technische Voraussetzungen oder ineffiziente Prozesse, aber andererseits auch Widerstände durch Mitarbeiter wahrnimmt. Diese können nämlich auf Fehler hinweisen und sollten nicht zu schnell abgetan werden.

6. Beschleuniger – Erreichen und Zelebrieren von kurzfristigen Erfolgen

Damit die Mitarbeiter auch langfristig hinter der Veränderung stehen und diese weiterhin unterstützten, sollten möglichst schnell die ersten Erfolge erreicht und auch kommuniziert werden. So wird das Vertrauen der Mitarbeiter in die Veränderung gestärkt und die Mo-

tivation oben gehalten. Dazu sollte die Veränderung bei der Planung in Teilschritte auf-
geteilt werden und nicht nur das langfristige große Ziel anvisiert werden, welches als
schwer zu erreichen empfunden werden kann.

7. Beschleuniger – Nicht nachlassen und weitere Veränderungen einleiten

Trotz der Zelebrierung von kleineren Erfolgen, sollten sich Bodo Müller auch in dieser
Phase weiterhin wachsam sein und den Wandel weiterhin vorantreiben. Trotz der ersten
Erfolge könnte es bereits zu neuen Änderungen im Geschäftsumfeld gekommen sein,
deswegen müssen Unternehmen ständig Neues schafften, um konkurrenzfähig zu bleiben.
Bodo Müller sollte also weiterhin nach Hindernissen oder Schwachstellen Ausschau hal-
ten und versuchen den Prozess weiter zu verbessern und voranzutreiben.

8. Beschleuniger – Entwickeln und verankern der neuen Kultur

Der Wandel ist erst vollständig abgeschlossen, sobald die Veränderung Einzug in die täg-
liche Arbeit und in die Unternehmensstruktur gefunden hat. Bodo Müller sollte also darauf achten, dass auch in zukünftigen Planungen und Handlungen dieser Weg eingeschla-
gen wird und dass vor allem die älteren Mitarbeiter nicht in alte Muster zurückfallen.

3 Strategieimplementierung

3.1 Durchsetzung

Die erste Maßnahme in der Durchsetzungsphase sollte es sein, die Strategie an die Mitarbeiter zu vermitteln und Verständnis für den Änderungsprozess zu erzielen. Im besten
Fall geschieht dies, indem die Führungskräfte die Vision und die damit verbundene Strategieänderung an die Mitarbeiter kommunizieren und die Vorteile dieser deutlich ma-
chen. Sobald das Verständnis und die Unterstützung der Mitarbeiter erzielt wurde, sollten
die Mitarbeiter im zweiten Schritt adäquat geschult werden. Dies beinhaltet, dass einerseits der Vertrieb die darin geschult wird die Produkte im Rahmen des C-Level Marketings entsprechend zu bewerben und verkaufen. Dazu müssen mögliche persönliche
Kompetenzlücken gefüllt und alle notwendigen Informationen bereitgestellt werden.
Auch die Entwicklungsabteilung über die Strategie informiert und auch miteinbezogen

werden, damit ggf. direkt in der Entwicklung auf die neuen Herausforderungen eingegangen werden kann. Abschließend müssen mögliche Konflikte, die durch die Veränderungen entstehen können, gelöst und ein strategiebezogener Konsens geschaffen werden. Dabei gilt es sensibel für Ziel-, Verteilungs- oder Durchsetzungskonflikte zu sein und Maßnahmen einzuleiten, die diese bewältigen.

3.2 Umsetzung

Der erste Schritt im Rahmen der sachbezogenen Aufgaben, erfolgt die Transformation strategischer Pläne in konkrete Aktionen. Zu diesem Zweck werden Einzelmaßnahmen geplant. Dies beinhaltet die Zuteilung von Verantwortlichkeiten, Formulierung von Inhalt, Ausmaß und Zeit der Ziele, sowie eine Ressourcen-, Kosten- und Zeitplanung der konkreten Maßnahmen. Dazu sollte Bodo Müller zunächst einen sogenannten Metaplan für das Marketingprojekt erstellen. Sobald dies abgeschlossen ist, erfolgt eine Anpassung der sogenannten Unternehmenspotenziale (Welge et al. 2017, S.817), also der Organisationsstruktur, der Unternehmenskultur, der Managementsysteme, sowie auch der Menschen. Dabei wird überprüft, ob die bisherige Organisationsstruktur den Anforderungen entspricht oder ob z.B. die Matrixorganisation auf Grundlage der einzelnen Produktlinien den Anforderungen nicht gerecht wird und das C-Level-Marketing übergreifend erfolgen sollte. Abschließend sollten die Mitarbeiter motiviert und mobilisiert werden, damit die entsprechenden Resultate langfristig erreicht werden können. Da es während der Umsetzungsphase zu Durchhängern kommen kann, müssen in diesem Fall Maßnahmen eingeleitet werden, um die Motivation wiederherzustellen und aufrecht zu erhalten. Dazu können verschiedene Implementierungsinstrumente genutzt werden, welche entweder Informations-, Qualifikations-, oder Organisationscharakter haben (Raps, 2004, S.147). Eine konkrete Maßnahme kann an dieser Stelle nicht vorgeschlagen werden, da die Instrumente situativ einzusetzen sind, um eine Wirksamkeit zu erzielen.

4 Balanced Scorecard

4.1 Ursache-Wirkungskette

Abbildung 1 zeigt die Ursache-Wirkungskette nach dem Balanced Scorecard-Konzep, welche die Verbindung zwischen den Aktivitäten (Ursachen) eines Unternehmens und den langfristigen Ergebnissen (Wirkungen) darstellt. Neben den vier Perspektiven Finanzen, Kunden, interne Prozesse und Lernen & Entwicklung, wurde die Perspektive der Lieferanten ergänzt.

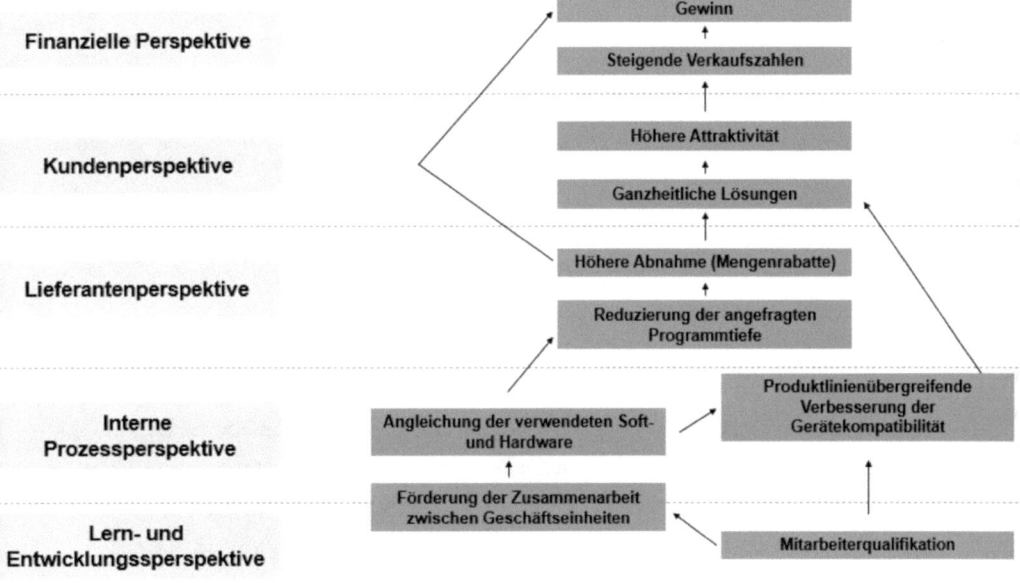

Abbildung 1: Ursache-Wirkungskette für die Gesundheits- und Medizintechnik AG

4.2 Festlegung Ziele, Kennzahlen, Vorgaben und Maßnahmen

Für die Lern- und Entwicklungsperspektive könnte als konkretes Ziel die Erhöhung der Mitarbeiterqualifikation im Rahmen des produktübergreifenden technischen Verständnisses gelten, um einen besseren Austausch zwischen den Geschäftseinheiten zu ermöglichen. Als Maßnahme, um dies zu erreichen, sollen die Mitarbeiter Fortbildungsmöglichkeiten und Schulungen erhalten. Dabei ist das Ziel, dass innerhalb eines Jahres jeder Mitarbeiter der technischen Abteilungen an mindestens 2 Fortbildungs- oder Schulungsmaßnahmen teilgenommen hat.

Dies ist eine Voraussetzung dafür, dass es auf der Ebene der internen Prozessperspektive zu einer Angleichung der verwendeten Soft- und Hardware zwischen den einzelnen Produktlinien kommt. Dabei könnte das langfristige Ziel sein, dass die Geräte aller Produktlinien innerhalb von 2 Jahren nur noch mit einer Software laufen sollen, um die Kompatibilität zu erhöhen und die Benutzung zu erleichtern. Um dies zu ermöglichen, müssten die Entwicklungsteams der einzelnen Produktlinien innerhalb eines bereichsübergreifenden Projekts eine Software auswählen oder entwickeln, die allen interdisziplinären Anforderungen entspricht.

Auf der Lieferantenebene käme es durch diese Maßnahme dazu, dass sich das Unternehmen beispielsweise bei der Software auf einen Partner fokussieren könnte, welcher übergreifende Softwarelösungen für unsere Produkte entwickelt und uns durch die enge Kooperation bessere Konditionen bieten könnte. Somit wäre ein mögliches Ziel die Reduktion der Lieferanten im Rahmen der Softwarelösung auf nur einen Kooperationspartner innerhalb von 2 Jahren. Zu diesem Zweck wäre neben dem oben genannten Projekt auch eine detaillierte Analyse der derzeitigen, sowie potenziellen Lieferanten notwendig, um die benötigten Leistungen zu erörtern und daraufhin Konditionen für die zukünftige Kooperation auszuhandeln.

Diese Entwicklungen hätte auf der Kundenebene das Ziel durch ganzheitliche Lösungen die Attraktivität der Produkte für die Kunden zu steigern. Dabei wird als konkretes Ziel die Erhöhung der Abnahmemenge verschiedener Produkte bei einzelnen Kunden um 20% innerhalb von einem Jahr nach Veröffentlichung des überarbeiteten Produktsortiments festgelegt. Neben der Entwicklung dieses produktübergreifend abgestimmten Sortiments, wäre eine Maßnahme die Fokussierung des Marketings auf das Bedürfnis nach Ganzheitlichkeit auf C-Level Ebene durch Verkaufsschulungen der Vertriebsmitarbeiter.

5 Unternehmensethik

5.1 Praxisbeispiel

Ein weltweit bekannter Skandal, bei dem sich ein Unternehmen nicht Wertekonform verhalten hat, ist der sogenannte Cambridge-Analytica-Datenskandal aus dem Jahr 2018. Das Unternehmen Facebook, heute offiziell Meta Platforms Inc. gab private Nutzungsdaten an das britische Beratungsunternehmen, welches die die Daten von rund 87 Millionen Facebook Usern ausgewertet hatte, um politische Profile zu erstellen. Nach einem jahrelangen Gerichtsprozess muss Meta nun 725 Millionen Euro an die Nutzer zahlen und erlitt durch den Skandal zusätzlich massive Vertrauensprobleme bei seinen Usern (Duffy, 2023).

5.2 Unternehmenswerte

Das Unternehmen Meta Platforms Inc., beschäftigt neben Facebook auch weitere Social Media Plattformen und verzeichnete im Jahr 2023 weltweit ca. 3,14 Milliarden täglich aktive Nutzer (Lohmeier, 2023). Auf seiner Website nennt das Unternehmen Authentizität, Sicherheit, Datenschutz und Würde als die für sie und ihre Nutzer geltenden Werte (Meta Transparancy Center, 2023). Im Rahmen der Authentizität legt Meta großen Wert darauf, dass die Daten auf ihren Plattformen authentisch sind und Handlungen und Aktivitäten nicht falsch dargestellt werden. Sicherheit soll allen Nutzern durch das Entfernen von Inhalten gewährleistet werden, die die physische Sicherheit beeinträchtigen könnten. Unter dem Aspekt der Würde versteht das Unternehmen, dass alle Menschen die gleichen Rechte haben und dass die Würde einer jeden Person geachtet werden soll. Im engsten Zusammenhang zu dem hier untersuchten Skandal steht der genannte Wert Datenschutz, bei dem Meta angibt, dass sie sich für den Schutz von Privatsphäre und personenbezogenen Daten einsetzten und jeder selbst entscheiden kann, wie und wann er Daten auf der Plattform Facebook teilt.

5.3 Wertebruch

Da es sich bei Facebook um eine Plattform handelt, welches auch heute noch von über drei Milliarden Menschen genutzt wird, um private Inhalte mit anderen Personen zu teilen, wird dem Unternehmen eine hohe Verantwortung für die Daten ihrer Nutzer zuteil. Diese Verantwortung wurde auch vom Gründer Mark Zuckerberg bei verschiedenen Gelegenheiten betont und klargestellt, dass Facebook neben einer Vernetzung der Welt auch Sicherheit und Transparenz für ihre Nutzer bieten will.
Im Rahmen des beschriebenen Skandals verstieß Facebook maßgeblich gegen die selbst erklärten Werte Sicherheit und Datenschutz, indem das Unternehmen die Daten ihrer Nutzer unrechtmäßig an Dritte verkaufte. Doch auch die Verwendung der Daten zum Zweck der politischer Profilerstellung, sowie Wählermanipulation im Rahmen des US-Wahlkampfs 2016 stellt nicht nur einen Bruch mit den eigenen Werten, sondern auch generell ein extremes unethisches Verhalten dar.

5.4 Konsequenzen

Deutlich wird der Schaden in diesem Fall zunächst bei den Nutzern der Plattform. Neben den direkt betroffenen Personen deren Daten missbraucht wurden, erlitten auch weitere User massive Vertrauensverluste. Dies wird unter anderem an den deutlichen Rückgängen der Userzahlen nach Bekanntmachung des Skandals deutlich.

Doch auch die Regulierungsbehörden waren als weiterer externer Stakeholder von diesem Skandal betroffen. Auch diese könnten einige Kritik erlitten haben, da sich die Frage stellt, ob diese ihre Pflicht zur Überwachung der Datenschutzrichtlinien ausreichend nachgekommen waren. Außerdem entstanden durch den Skandal Forderungen nach Datenschutzgesetzten und strengerer Regulierung von Social Media Plattformen. Die Regulierungsbehörden waren genötigt zu handeln und führten einige Untersuchungen des Falls durch.

Intern wirkte sich dieser Skandal unter anderem auch negativ auf die Mitarbeiter von Facebook aus, die auch ein Teil des Unternehmens und so in gewisser Weise auch in den Skandal involviert sind. Dies könnte zum einen auch zu Vertrauensverlusten, aber auch zu moralischen Konflikten mit ihrer Tätigkeit für Facebook führen. Zudem könnte sogar die Zufriedenheit und die Identifikation zum Unternehmen geschmälert werden, wenn die Mitarbeiter im Zusammenhang mit ihrem Arbeitgeber Anfeindungen oder Ausgrenzung durch verärgerte Facebook Nutzer erfahren haben.

Weitere betroffene Stakeholder sind die Aktionäre, denn der Skandal führte 2018 zu einem Verlust von 35 Milliarden US-\$ an Börsenwert, da die Facebook Aktie nach Bekanntwerden um rund 7 % fiel (DAX, 2023). Neben dem Vermögensverlust löste der Skandal selbstverständlich auch bei den Aktionären massive Vertrauensverluste in die Verlässlichkeit und das Wachstum der Facebook Aktie aus.

6   Literaturverzeichnis

DAX (2023). *DAX®-Chart Meta Platforms (A)*. Zugriff am 21.12.2023. Verfügbar unter https://www.wallstreet-online.de/aktien/meta-platforms-registered-a-ak-tie#t:max||s:lines||sfill:true||a:abs||v:week||ads:null

Duffy, C., Sahadi, J. (2023). *Time is running out to file claims for Facebook's $725 mil-lion data privacy settlement*. Zugriff am 20.12.2023. Verfügbar unter https://edi-tion.cnn.com/2023/08/17/business/facebook-privacy-settlement-claim-deadline/in-dex.html

Kotter, J. P. (2015). Die Kraft der zwei Systeme. Harvard Business Manager (Spezial), 80–93.

Lauer, T. (2014). *Change Management – Grundlagen und Erfolgsfaktoren* (2. Aufl.). Ber-lin: Springer Verlag 2014, S.44.

Lohmeier, L. (2023). Anzahl der täglich aktiven Nutzer der Meta-Produktfamilie* welt-weit vom 4. Quartal 2018 bis zum 3. Quartal 2023. Zugriff am 20.12.2023. Verfügbar unter https://de.statista.com/statistik/daten/studie/1092386/umfrage/taeglich-aktive-nutzer-der-facebook-produktfamilie-weltweit/#:~:text=Im%20dritten%20Quar-tal%202023%20wurden,Nutzer%20der%20Meta%2DProduktfami-lie%20gez%C3%A4hlt

Meta Transparency Center, 2023. Facebook- Gemeinschaftsstandards. Zugriff am 20.12.2023. Verfügbar unter https://transparency.fb.com/de-de/policies/community-standards/

Raps, A. (2004). Erfolgsfaktoren der Strategieimplementierung. Konzeption und Instru-mente (Gabler Edition Wissenschaft, 2., aktualisierte Aufl.). Wiesbaden: Deutscher Universitäts-Verlag.

Reisinger, S., Gattringer, R. & Strehl, F. (2013). Strategisches Management. Grundlagen für Studium und Praxis (Pearson Studium - Economic BWL). München: Pearson Deutschland.

Welge, M., Al-Laham, A. & Eulerich, M. (2017). Strategisches Management. Grundlagen, Prozesse Implementierung (7. Aufl.). Berlin: Springer Gabler.

7 Abbildungsverzeichnis